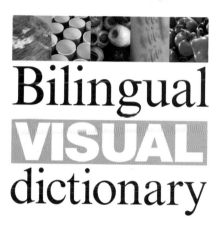

Bilingual

VISUAL

dictionary

Bilingual

VISUAL

dictionary

Previously published as part of
5-Language Visual Dictionary

London, New York, Melbourne, Munich, Delhi

Senior Editor Angeles Gavira
Senior Art Editor Ina Stradins
DTP Designers Sunil Sharma, Balwant Singh,
Harish Aggarwal, John Goldsmid, Ashwani Tyagi
DTP Coordinator Pankaj Sharma
Production Controller Liz Cherry
Picture Researcher Anna Grapes
Managing Editor Liz Wheeler
Managing Art Editor Phil Ormerod
Publisher Jonathan Metcalf

Designed for Dorling Kindersley by WaltonCreative.com
Art Editor Colin Walton, assisted by Tracy Musson
Designers Peter Radcliffe, Earl Neish, Ann Cannings
Picture Research Marissa Keating

Language content for Dorling Kindersley by
g-and-w PUBLISHING
Managed by Jane Wightwick, assisted by Ana Bremón
Translation and editing by Marc Vitale
Additional input by Dr. Arturo Pretel, Martin Prill,
Frédéric Monteil, Meinrad Prill, Mari Bremón,
Oscar Bremón, Anunchi Bremón, Leila Gaafar

First American Edition, 2005
Published in the United States by
DK Publishing INc., 375 Hudson Street,
New York, New York 10014
10 9 8
034-BD222-Aug/05
Copyright © 2005 Dorling Kindersley Limited

A Cataloging-in-Publication record for this book is available
from the Library of Congress

ISBN-13: 978-0-7566-1296-2

Colour reproduction by Colourscan, Singapore
Printed and bound in China by L.Rex Printing Co.,Ltd

Discover more at
www.dk.com

sommario
contents

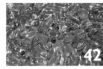

le persone • people

l'aspetto • appearance

la salute • health

la casa • home

i servizi • services

gli acquisti • shopping

il cibo • food

mangiare fuori •
eating out

lo studio • study

il lavoro • work

i trasporti •
transportation

lo sport • sport

il tempo libero •
leisure

l'ambiente •
environment

i dati • reference

informazioni sul dizionario

about the dictionary

È dimostrato che l'uso di immagini aiuta a capire e memorizzare le informazioni. Applicando tale principio, abbiamo realizzato questo dizionario bilingue, corredato da numerosissime illustrazioni, che presenta un ampio ventaglio di vocaboli utili in due lingue europee.

Il dizionario è diviso in vari argomenti ed esamina dettagliatamente molti aspetti del mondo moderno, dal ristorante alla palestra, dalla casa all'ufficio, dallo spazio al regno animale. L'opera contiene inoltre frasi e vocaboli utili per conversare e per estendere il proprio vocabolario.

È un'opera di consultazione essenziale per tutti gli appassionati delle lingue – pratica, stimolante e facile da usare.

Indicazioni
Le due lingue vengono presentate sempre nello stesso ordine: italiano e inglese.

In italiano, i sostantivi vengono riportati con il relativo articolo determinativo, che indica il genere (maschile o femminile) e il numero (singolare o plurale), come ad esempio:

il seme   **le mandorle**
seed   almonds

I verbi sono contraddistinti da una (v) dopo il vocabolo inglese, come ad esempio:

nuotare • swim (v)

Alla fine del libro ogni lingua ha inoltre il proprio indice, che consente di cercare un vocabolo in una delle due lingue e di trovare il rimando alla pagina che gli corrisponde. Il genere è indicato dalle seguenti abbreviazioni:

m = maschile
f = femminile

The use of pictures is proven to aid understanding and the retention of information. Working on this principle, this highly illustrated bilingual dictionary presents a large range of useful current vocabulary in two European languages.

The dictionary is divided thematically and covers most aspects of the everyday world in detail, from the restaurant to the gym, the home to the workplace, outer space to the animal kingdom. You will also find additional words and phrases for conversational use and for extending your vocabulary.

This is an essential reference tool for anyone interested in languages—practical, stimulating, and easy to use.

A few things to note
The two languages are always presented in the same order—Italian and English.

In Italian, nouns are given with their definite articles reflecting the gender (masculine or feminine) and number (singular or plural), for example:

il seme   **le mandorle**
seed   almonds

Verbs are indicated by a (v) after the English, for example:

nuotare • swim (v)

Each language also has its own index at the back of the book. Here you can look up a word in either of the two languages and be referred to the page number(s) where it appears. The gender is shown using the following abbreviations:

m = masculine
f = feminine

come usare questo libro

how to use this book

Che stiate imparando una lingua nuova a scopo di lavoro, per diletto o in preparazione per una vacanza all'estero, o desiderate estendere il vostro vocabolario in una lingua che vi è già familiare, questo dizionario è uno strumento di apprendimento prezioso che potete usare in vari modi diversi.

Quando imparate una lingua nuova, cercate le parole affini per origine (che sono quindi simili nelle varie lingue) ma occhio alle false analogie (vocaboli che sembrano uguali ma hanno significati molto diversi). Questo dizionario mostra inoltre come le lingue hanno influito l'una sull'altra. L'inglese, per esempio, ha importato dalle altre lingue europee molti vocaboli relativi agli alimenti ma ne ha esportati molti altri relativi alla tecnologia e alla cultura popolare.

Attività pratiche di apprendimento
• Girando per casa, in ufficio, a scuola, guardate le pagine relative all'ambiente in cui vi trovate, poi chiudete il libro, guardatevi attorno e cercate di ricordare il nome del maggior numero possibile di oggetti e strutture.
• Provate a scrivere un racconto, una lettera o un dialogo usando il maggior numero possibile dei vocaboli riportati su di una pagina in particolare. Vi aiuterà a memorizzare i vocaboli e a ricordare come si scrivono. Se volete scrivere testi più lunghi, cominciate con delle frasi che comprendano 2 o 3 delle parole.
• Se avete una memoria molto visiva, prendete un foglio di carta e disegnatevi o ricopiatevi le immagini che appaiono nel libro, quindi chiudete il libro e scrivete le parole sotto alle immagini.
• Quando vi sentite più sicuri, scegliete dei vocaboli dall'indice di una lingua straniera e cercate di ricordarne i significati, trovando poi le pagine corrispondenti per verificare che siano giusti.

Whether you are learning a new language for business, pleasure, or in preparation for anoverseas vacation, or are hoping to extend your vocabulary in an already familiar language, this dictionary is a valuable learning tool that you can use in a number of different ways.

When learning a new language, look for cognates (words that are alike in different languages) and "false friends" (words that look alike but carry significantly different meanings). You can also see where the languages have influenced each other. For example, English has imported many terms for food from other European languages but, in turn, exported terms used in technology and popular culture.

Practical learning activities
• As you move around your home, workplace, or school, try looking at the pages which cover that setting. You could then close the book, look around you and see how many of the objects and features you can name.
• Challenge yourself to write a story, letter, or dialogue using as many of the terms on a particular page as possible. This will help you retain the vocabulary and remember the spelling. If you want to build up to writing a longer text, start with sentences incorporating 2–3 words.
• If you have a very visual memory, try drawing or tracing items from the book onto a piece of paper, then closing the book and filling in the words below the picture.
• Once you are more confident, pick out words in a foreign-language index and see if you know what they mean before turning to the relevant page to see if you were right.